Impressum
Verlag: BABADADA GmbH, Nedderfeld 112 , 22529 Hamburg
Geschäftsführer / Verlagsleitung: Harald Hof
Druck: Books on Demand GmbH, In de Tarpen 42, 22848 Norderstedt

Imprint
Publisher: BABADADA GmbH, Nedderfeld 112 , 22529 Hamburg, Germany
Managing Director / Publishing direction: Harald Hof
Print: Books on Demand GmbH, In de Tarpen 42, 22848 Norderstedt, Germany

escuela
sekolah

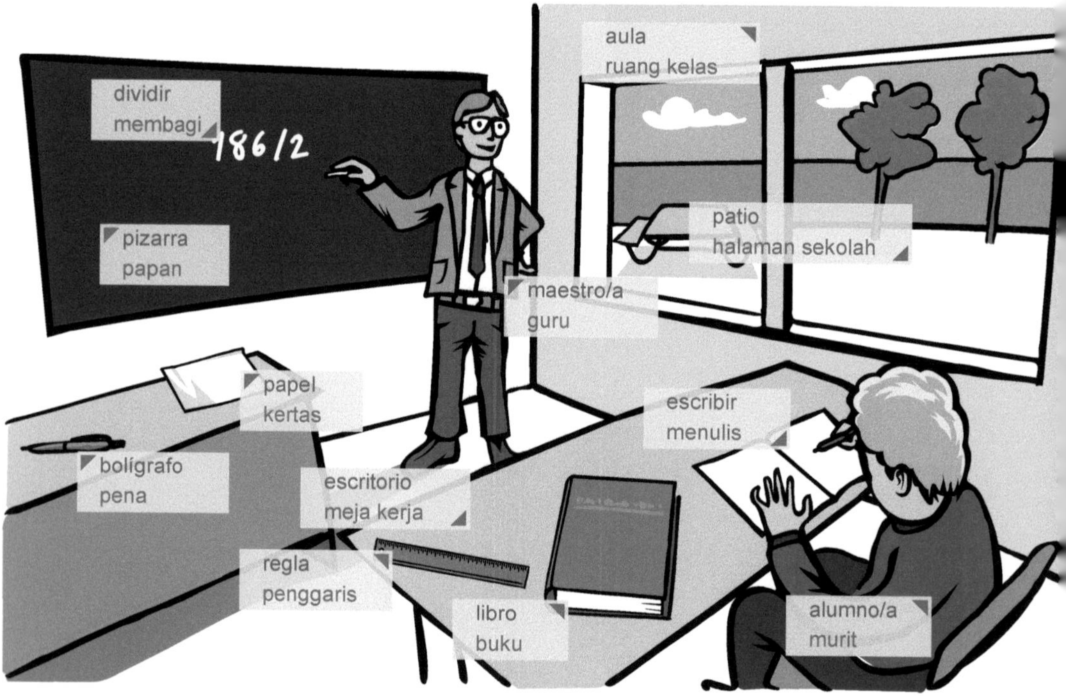
aula
ruang kelas
dividir
membagi
186/2
patio
halaman sekolah
pizarra
papan
maestro/a
guru
papel
kertas
escribir
menulis
bolígrafo
pena
escritorio
meja kerja
regla
penggaris
libro
buku
alumno/a
murit

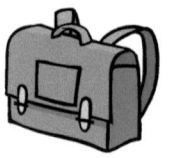

cartera

tas sekolah

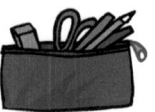

caja de lápices

tempat pensil

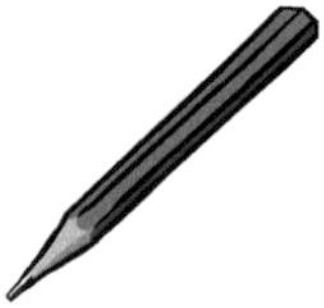

lápiz

pensil

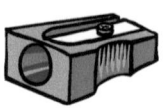

sacapuntas

pengasah pensil

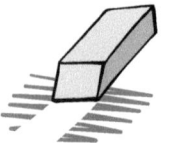

goma de borrar

penghapus

cuaderno de dibujo

kertas gambar

dibujo
gambar

pincel
kuas

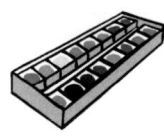

caja de pinturas
kotak cat

tijeras
gunting

pegamento
lem

cuaderno de ejercicios
buku latihan

deberes
pekerjaan rumah

12

número
angka

2+2

sumar
tambhakan

5-2

restar
mengurangi

2×2

multiplicar
mengalikan

calcular
menghitung

A

letra
huruf

ABCDEFG
HIJKLMN
OPQRSTU
VWXYZ

alfabeto
alfabet

palabra
kata

texto

teks

leer

membaca

tiza

kapur

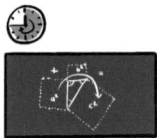

lección

pelajaran

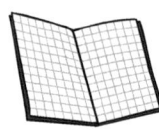

cuaderno de notas

daftar

examen

ujian

certificado

sertifikat

uniforme escolar

seragam sekolah

educación

pendidikan

enciclopedia

ensiklopedi

universidad

universitas

microscopio

mikroskop

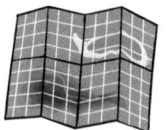

mapa

peta

papelera

tempat sampah

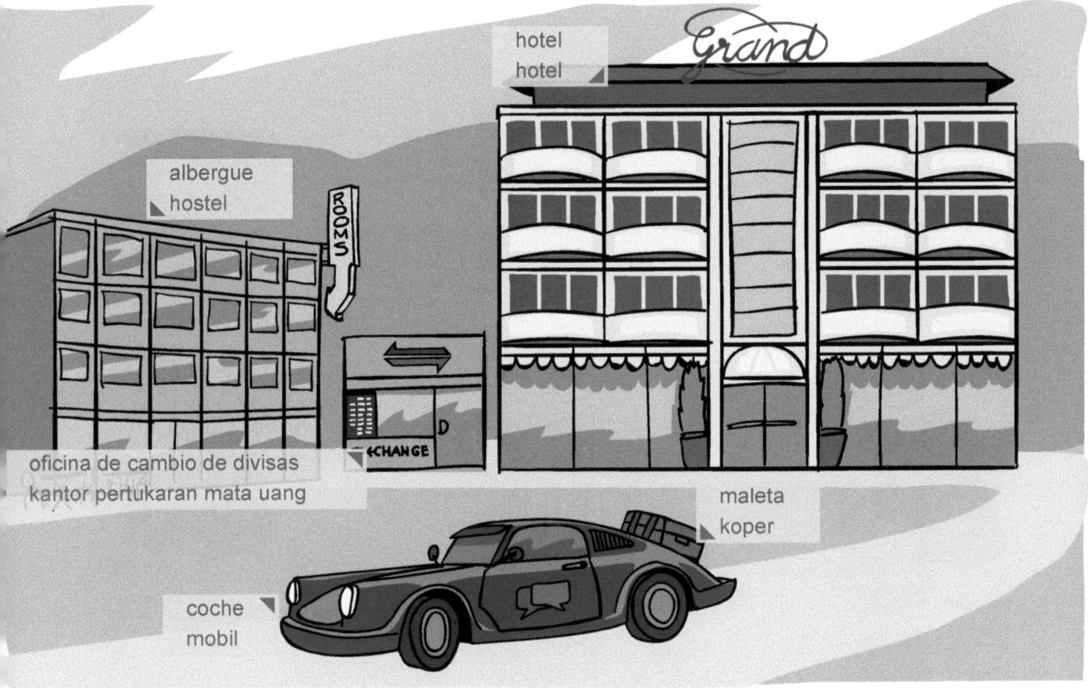

hotel
hotel
Grand
albergue
hostel
ROOMS
EXCHANGE
oficina de cambio de divisas
kantor pertukaran mata uang
maleta
koper
coche
mobil

idioma

bahasa

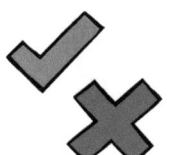

sí / no

ya / tidak

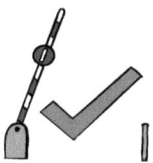

Vale

okay

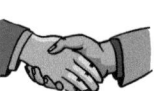

hola

hallo

traductor

penerjemah

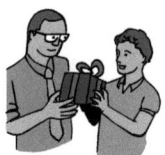

Gracias

terima kasih

¿cuánto es...?

Berapa harganya...?

No entiendo

saya tidak mengerti

problema

masalah

¡Buenas tardes!

Selamat malam!

¡Buenos días!

Selamat siang!

¡Buenas noches!

Selamat tidur!

adiós

sampai jumpa

dirección

arah

equipaje

bagasi

bolsa

tas

mochila

ransel

invitado

tamu

habitación

ruang

saco de dormir

kantong tidur

tienda de campaña

tenda

información turística

informasi wisata

playa

pantai

tarjeta de crédito

kartu kredit

desayuno

sarapan

almuerzo

makan siang

cena

makan malam

billete

tiket

ascensor

elevator

sello

perangko

frontera

perbatasan

aduana

cukai

embajada

kedutaan

visa

visa

pasaporte

paspor

transporte
transportasi

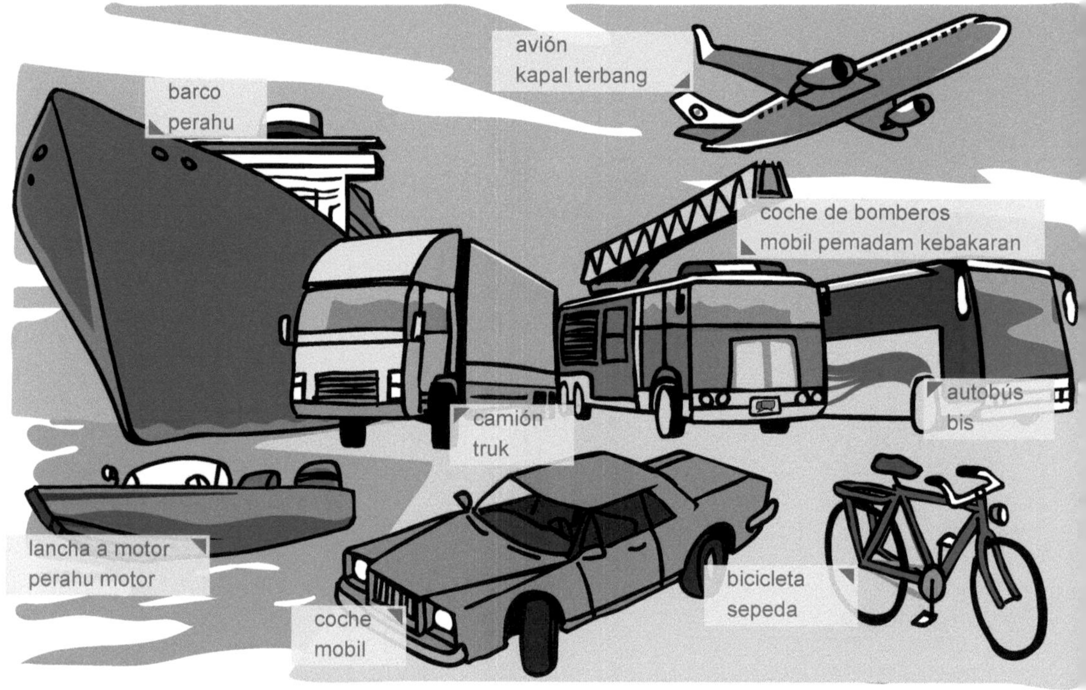
avión
kapal terbang
barco
perahu
coche de bomberos
mobil pemadam kebakaran
autobús
bis
camión
truk
lancha a motor
perahu motor
bicicleta
sepeda
coche
mobil

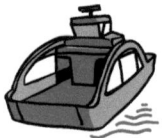

transbordador

feri

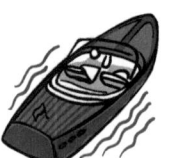

barca

perahu

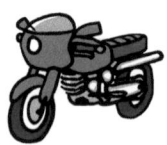

moto

sepeda motor

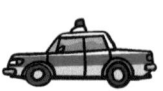

coche de policía

mobil polisi

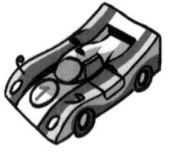

coche de carreras

mobil balapan

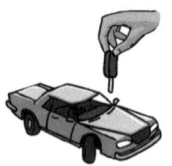

coche de alquiler

mobil sewa

préstamo de vehículos

berbagi mobil

grúa

truk derek

camión de la basura

truk sampah

motor

motor

gasolina

bahan bakar

gasolinera

bensin

señal de tráfico

tanda lalulintas

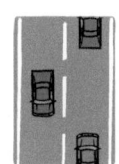

tráfico

lalulintas

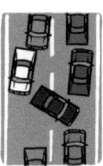

atasco

macet

aparcamiento

parkir mobil

estación de tren

stasiun kereta

vías

trek

tren

kereta api

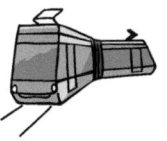

tranvía

tram

vagón

gerobak

helicóptero

helikopter

aeropuerto

bendara

torre

menara

pasajero

penumpang

contenedor

container

caja de cartón

karton

carretilla

troli

cesta

keranjang

despegar / aterrizar

berangkat / mendarat

ciudad

kota

pueblo

desa

centro de ciudad

pusat kota

casa

rumah

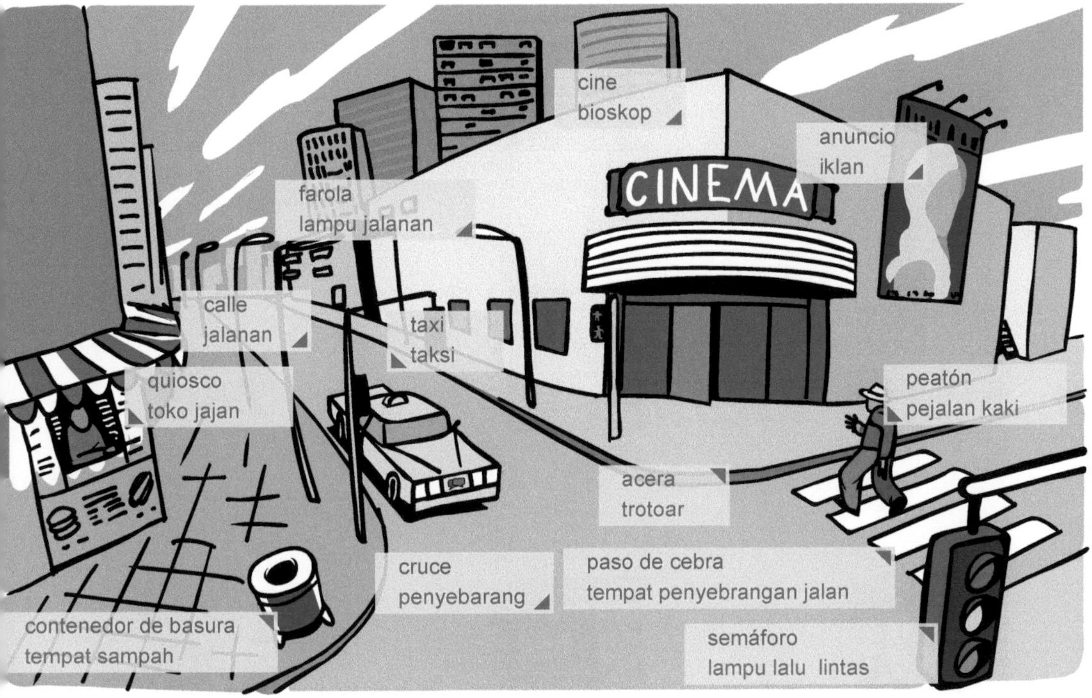

cine
bioskop

anuncio
iklan

farola
lampu jalanan

CINEMA

calle
jalanan

taxi
taksi

peatón
pejalan kaki

quiosco
toko jajan

acera
trotoar

cruce
penyebarang

paso de cebra
tempat penyebrangan jalan

contenedor de basura
tempat sampah

semáforo
lampu lalu lintas

cabaña
gubuk

apartamento
rumah flat

estación de tren
stasiun kereta

ayuntamiento
balai kota

museo
museum

escuela
sekolah

ciudad - kota

universidad
universitas

banco
bank

hospital
rumah sakit

hotel
hotel

farmacia
farmasi

oficina
kantor

librería
toko buku

tienda
toko

floristería
toko bunga

supermercado
supermarket

mercado
pasar

grandes almacenes
toko serba ada

pescadería
nelayan

centro comercial
pusat belanja

puerto
pelabuhan

parque

taman

banco

banku

puente

jembatan

escaleras

tangga

metro

kereta bawah tanah

túnel

terowongan

parada de autobús

pemberhantian bis

bar

bar

restaurante

restauran

buzón

kotak surat

poste indicador

tanda jalan

parquímetro

meteran parkir

zoo

kebun binatang

piscina

kolam renang

mezquita

mesjid

granja
pertanian

contaminación
polusi

cementerio
kuburan

iglesia
gereja

patio de juego
tempat bermain

templo
pura

paisaje
pemandangan

hoja
daun

señal
penunjuk arah

camino
jalanan

prado
padang rumput

piedra
batu

árbol
pohon

excursionista
pejalak kaki

río
sungai

hierba
rumput

flor
bunga

valle

lembah

colina

bukit

lago

danau

bosque

hutan

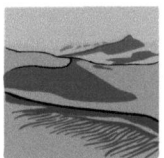

desierto

padang gurun

volcán

gunung berapi

castillo

istana

arcoíris

pelangi

champiñón

jamur

palmera

pohon palem

mosquito

nyamuk

mosca

lalat

hormiga

semut

abeja

lebah

araña

laba-laba

paisaje - pemandangan

15

escarabajo
kumbang

rana
kodok

ardilla
tupai

erizo
landak

liebre
kelinci

lechuza
burung hantu

pájaro
burung

cisne
angsa

jabalí
babi jantan

ciervo
rusa

alce
rusa

presa
bendungan

turbina eólica
turbin angin

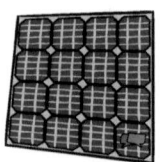

panel solar
panel surya

clima
iklim

restaurante
restauran

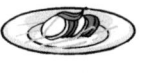

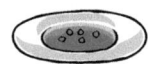

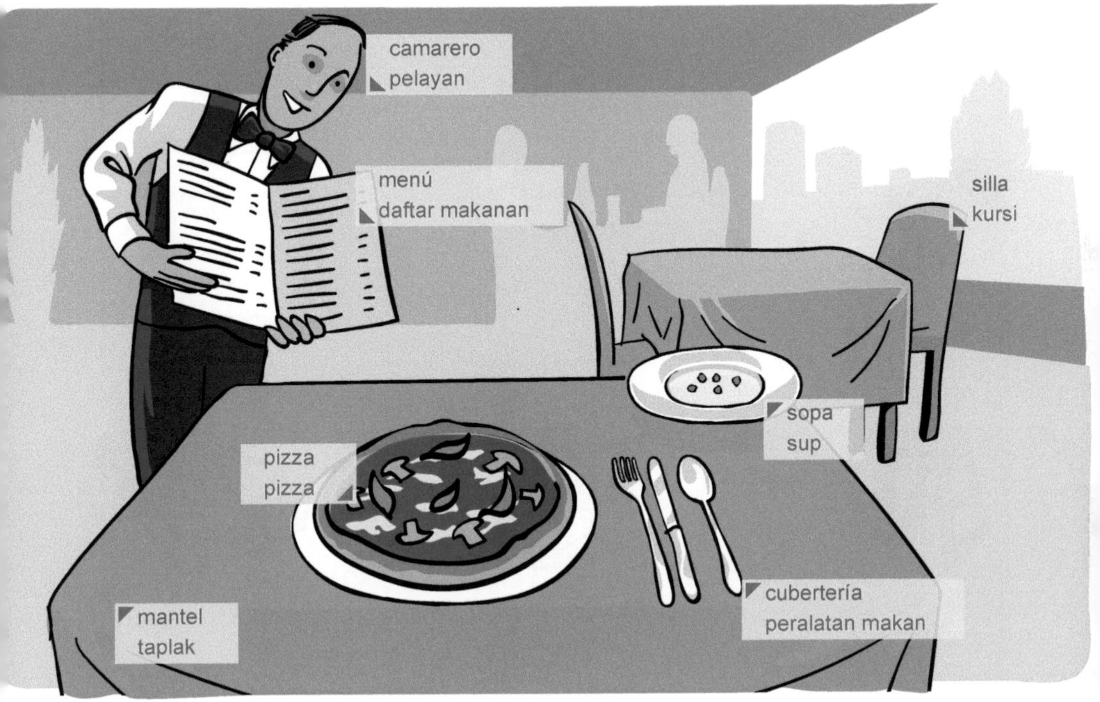
camarero
pelayan
menú
daftar makanan
silla
kursi
sopa
sup
pizza
pizza
cubertería
peralatan makan
mantel
taplak

primer plato

hindangan pembuka

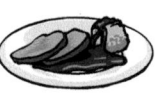

plato principal

hidangan utama

postre

hidangan penutup

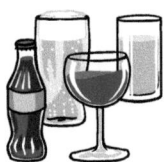

bebidas

minuman

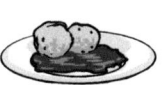

comida

makanan

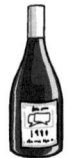

botella

botol

comida rápida

fastfood

comida callejera

masakan jalanan

tetera

teko teh

azucarero

kaleng gula

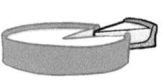

porción

porsi

cafetera expreso

mesin espresso

trona

kursi tinggi

cuenta

tagihan

bandeja

baki

cuchillo

pisau

tenedor

garpu

cuchara

sendok

cucharilla

sendok teh

servilleta

serbet

vaso

gelas

plato
piring

plato hondo
piring sup

platillo
lepek

salsa
saus

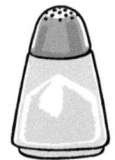

salero
tempat garam

molinillo de pimienta
gilingan merica

vinagre
cuka

aceite
minyak

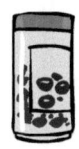 

especias
bumbu

ketchup
saus tomat

mostaza
mustar

mayonesa
mayones

supermercado
supermarket

oferta especial
penawaran khusus
cliente
klien
lácteos
produk susu
carro de la compra
troli
fruta
buah
FOR

BUTCHERS

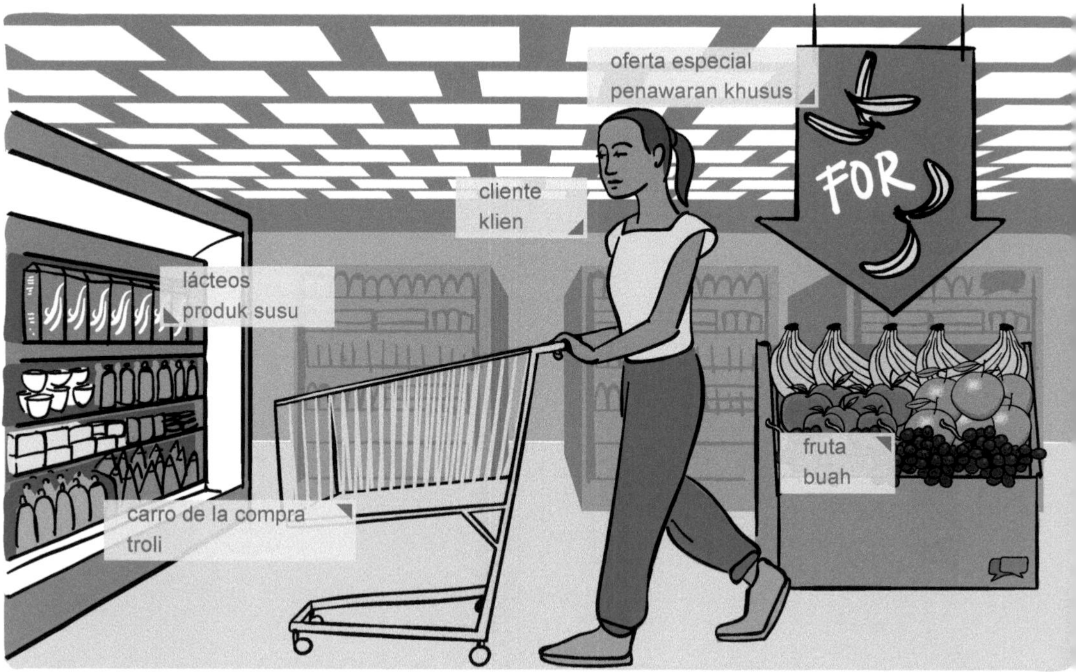

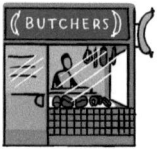

carnicería

pembantai

BAKERY

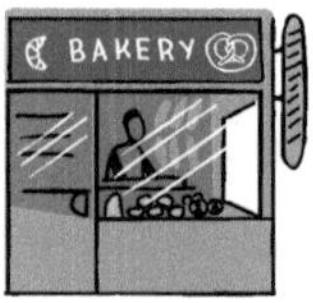

panadería

toko roti

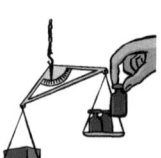

pesar

menimbang

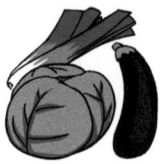

verduras

sayur

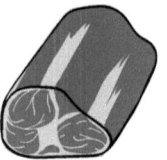

carne

daging

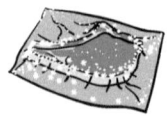

alimentos congelados

makanan beku

fiambres

pemotongan dingin

conservas

makanan kaleng

detergente en polvo

sabun serbuk

dulces

permen

productos de uso doméstico

alat-alat rumah tangga

productos de limpieza

obat pembersihan

vendedora

penjual

caja

kasa

cajero

kasir

lista de la compra

daftar belanja

horario de atención al público

jam buka

cartera

dompet

tarjeta de crédito

kartu kredit

bolsa

tas

bolsa de plástico

kantong plastik

agua

air

zumo

jus

leche

susu

cola

cola

vino

anggur

cerveza

bir

alcohol

alkohol

cacao

coklat

té

teh

café

kopi

expreso

espresso

capuchino

cappucino

plátano

pisang

manzana

apel

naranja

jeruk

melón

semangka

limón

jeruk lemon

zanahoria

wortel

ajo

bawang putih

bambú

bambu

cebolla

bawang bombai

champiñón

jamur

avellanas

kacang

fideos

mi

espagueti

spagetti

arroz

nasi

ensalada

salat

patatas fritas

kentang goreng

patatas fritas

kentang goreng

pizza

pizza

hamburguesa

hamburger

sándwich

sandwich

filete

sayatan

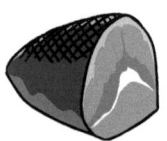

jamón

ham

salami

salami

salchicha

sosis

pollo

ayam

asado

menggoreng

pescado

ikan

copos de avena

bubur gandum

muesli

sereal

copos de maíz

cornflakes

harina

tepung

cruasán

croissant

panecillo

roti

pan

roti

tostada

toast

galletas

biskuit

mantequilla

mentega

cuajada

dadih

pastel

kue

huevo

telur

huevo frito

telur goreng

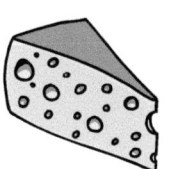

queso

keju

helado

eskrim

azúcar

gula

miel

madu

mermelada

selai

crema de turrón

krim nugat

curry

kare

granja
pertanian

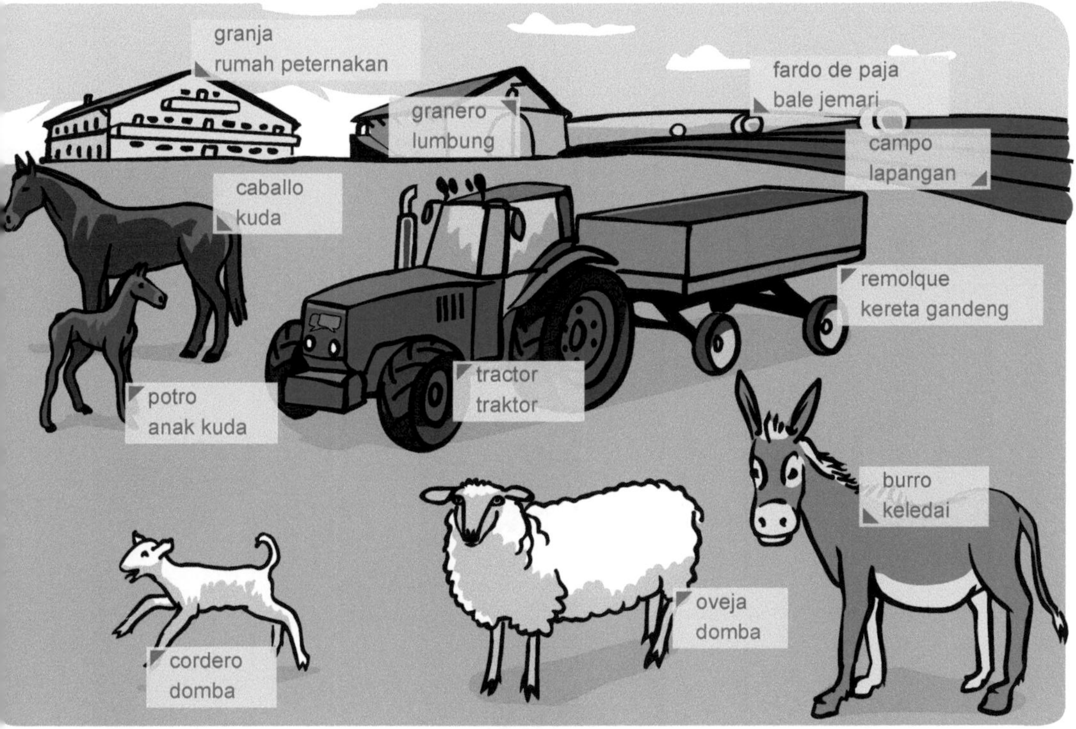
granja
rumah peternakan
granero
lumbung
fardo de paja
bale jemari
campo
lapangan
caballo
kuda
remolque
kereta gandeng
tractor
traktor
potro
anak kuda
burro
keledai
oveja
domba
cordero
domba

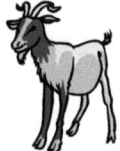

cabra
kambing

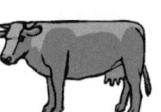

vaca
sapi

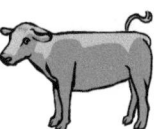

ternero
betis

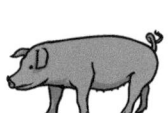

cerdo
babi

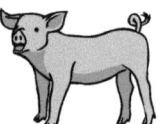

cerdito
celeng

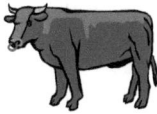

toro
banteng

ganso

angsa

pato

bebek

pollo

anak ayam

gallina

ayam

gallo

ayam jantan

rata

tikus

gato

kucing

ratón

tikus

buey

lembu

perro

anjing

perrera

rumah anjing

manguera

selang

regadera

penyiram

guadaña

sabit

arado

bajak

hoz
sabit

azada
cangkul

horca
garpu rumput

hacha
kapak

carretilla
gerobak

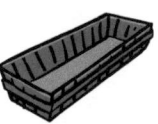

abrevadero
palung

lechera
kaleng susu

saco
karung

valla
pagar

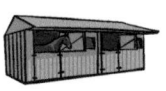

establo
kandang

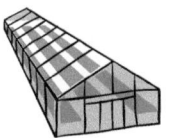

invernadero
rumah kaca

suelo
tanah

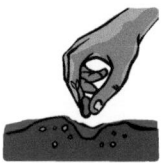

semilla
benih

fertilizador
pupuk

cosechadora
mesin pemanen

cosechar

panen

cosecha

panen

ñame

yams

trigo

gandum

soja

kedelai

patata

kentang

maíz

jagung

semilla de colza

lobak

árbol frutal

pohon buah

mandioca

singkong

cereales

sereal

casa
rumah

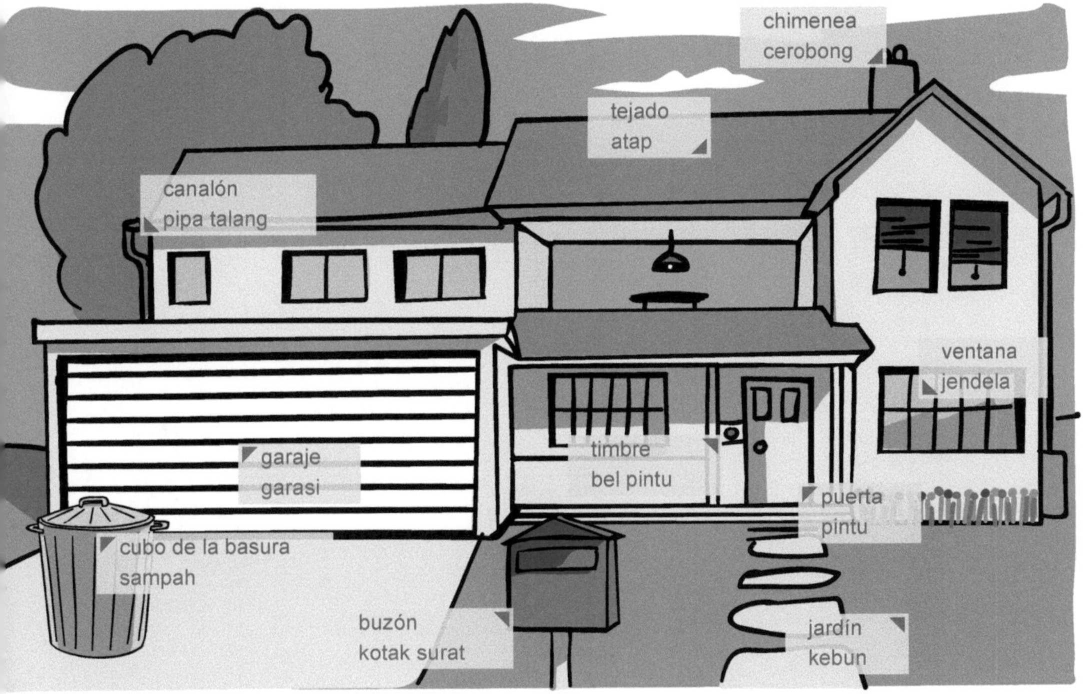
chimenea
cerobong
tejado
atap
canalón
pipa talang
ventana
jendela
garaje
garasi
timbre
bel pintu
puerta
pintu
cubo de la basura
sampah
buzón
kotak surat
jardín
kebun

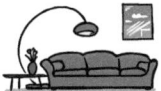

sala
ruang tamu

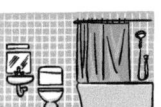

cuarto de baño
kamar mandi

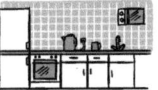

cocina
dapur

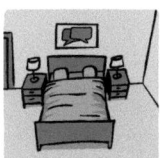

dormitorio
kamar tidur

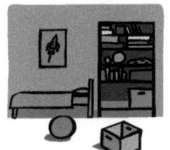

habitación de los niños
kamar anak

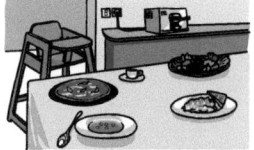

comedor
kamar makan

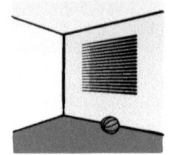

suelo

lantai

pared

tembok

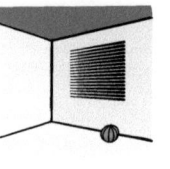

techo

atap

sótano

gudang di bawah tanah

sauna

sauna

balcón

balkon

terraza

teras

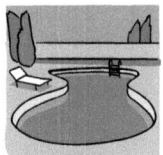

piscina

kolam renang

cortacésped

mesin pemotong rumput

sábana

sprei

colcha

selimut

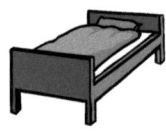

cama

tempat tidur

escoba

sapu

balde

ember

interruptor

tombol

sala
ruang tamu

papel pintado
kertas dinding
imagen
gambar
lámpara
lampu
estante
rak
armario
kabinet
televisión
televisi
chimenea
perapian
flor
bunga
cojín
bantal
sofá
sofa
jarrón
vas
mando a distancia
remote control

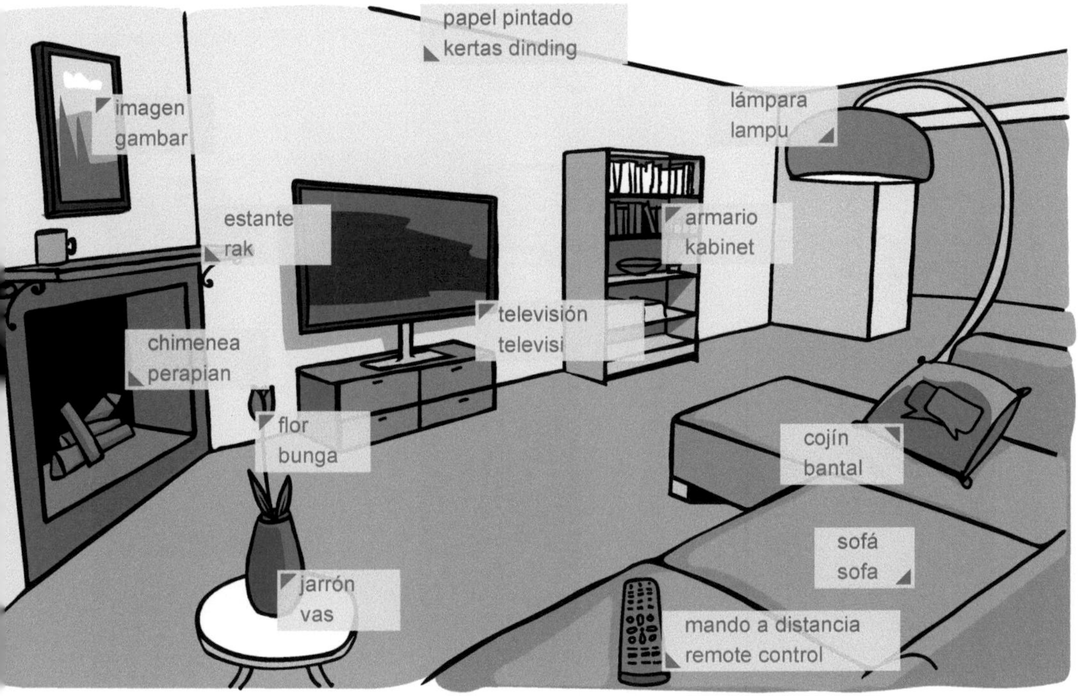

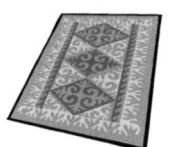

alfombra

karpet

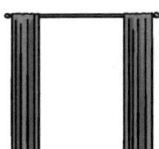

cortina

korden

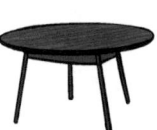

mesa

meja

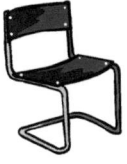

silla

kursi

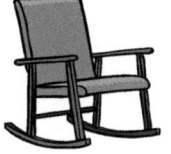

mecedora

kursi goyang

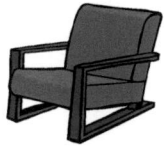

butaca

kursi malas

libro

buku

manta

selimut

decoración

dekorasi

leña

kayu bakar

película

filem

equipo de música

hi-fi

llave

kunci

periódico

koran

pintura

lukisan

póster

poster

radio

radio

cuaderno

buku tulis

aspiradora

penyedot debu

cactus

kaktus

vela

lilin

sala - ruang tamu

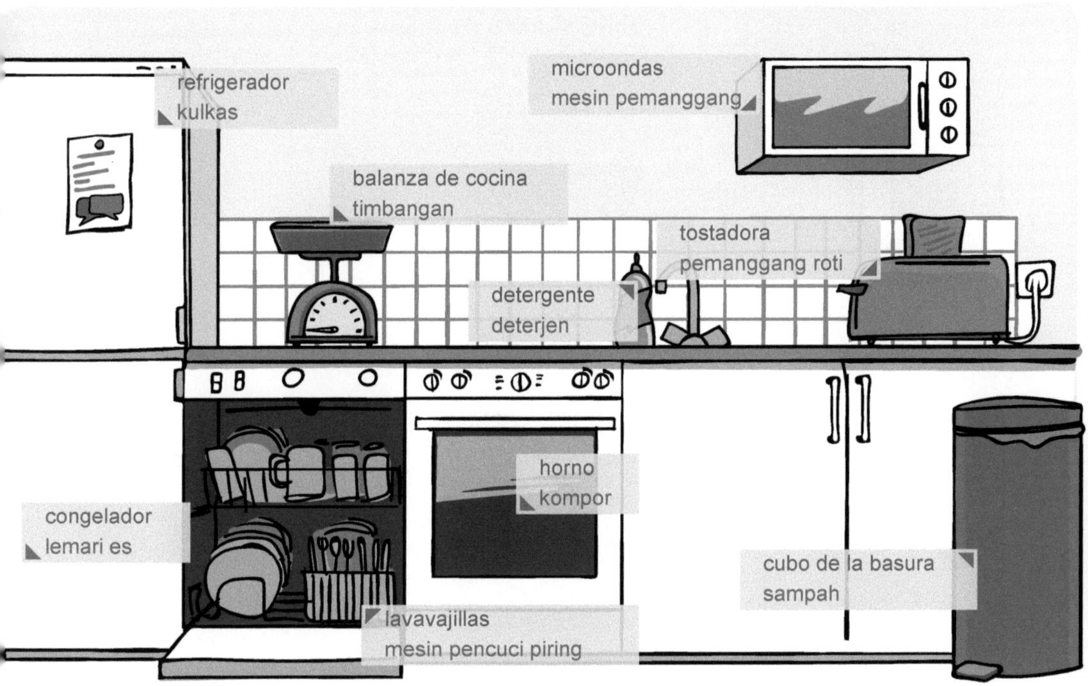

refrigerador
kulkas

microondas
mesin pemanggang

balanza de cocina
timbangan

tostadora
pemanggang roti

detergente
deterjen

horno
kompor

congelador
lemari es

cubo de la basura
sampah

lavavajillas
mesin pencuci piring

olla a presión

kompor

olla

panci

olla de hierro fundido

panci besi

wok / karahi

wajan

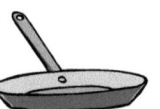

cazuela

panci

hervidor

pemanas air

vaporera

panci pengukus makanan

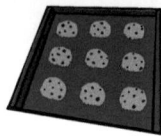

chapa de horno

nampan

vajilla

piring

taza

cangkir

tazón

mangkok

palillos

sumpit

cucharón

sendok sup

espumadera

sudip

batidor

mengocok

colador

saringan

cedazo

saringan

rallador

parutan

mortero

mortir

barbacoa

barbeque

hoguera

api terbuka

tabla de picar

papan memotong

rodillo

gilingan

sacacorchos

alat pembuka botol

lata

kaleng

abrelatas

pembuka kaleng

agarrador

pegangan panci

lavabo

wastafel

cepillo

sikat

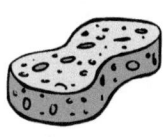

esponja

busa

batidora

mesin pencampur

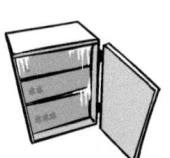

congelador

lemari es

biberón

botol bayi

grifo

keran

cocina - dapur

cuarto de baño
kamar mandi

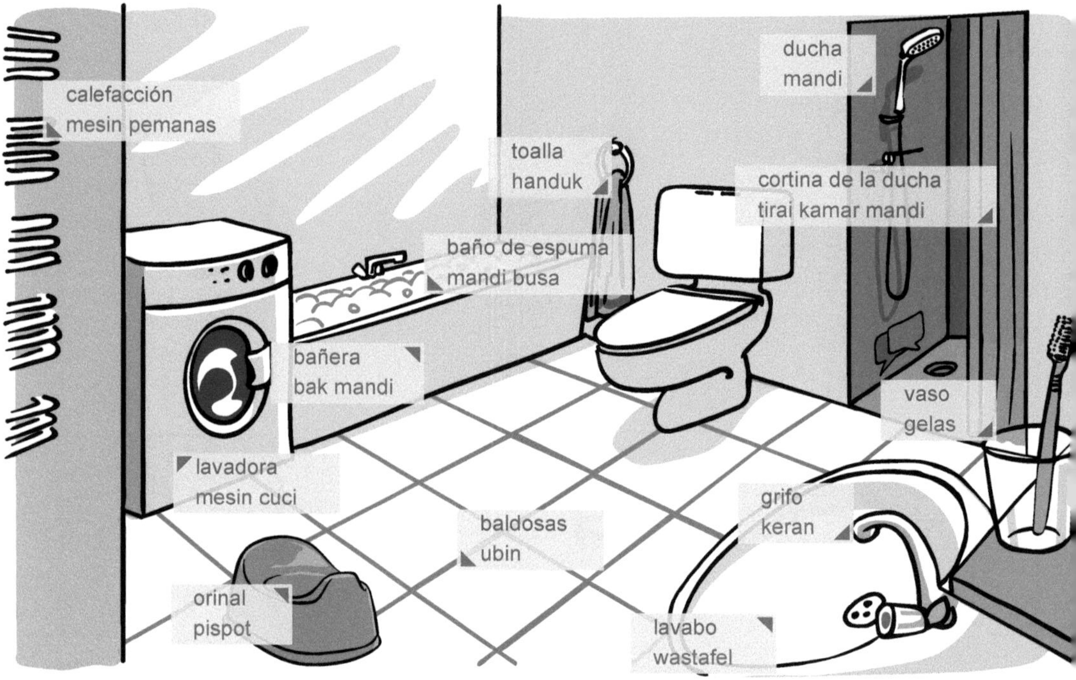

ducha
mandi
calefacción
mesin pemanas
toalla
handuk
cortina de la ducha
tirai kamar mandi
baño de espuma
mandi busa
bañera
bak mandi
vaso
gelas
lavadora
mesin cuci
grifo
keran
baldosas
ubin
orinal
pispot
lavabo
wastafel

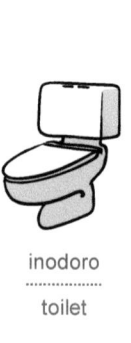

inodoro

toilet

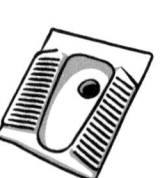

inodoro rústico

toilet jongkok

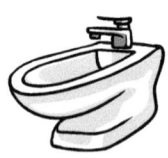

bidé

bidet

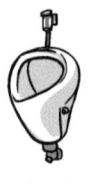

urinario

pissoir

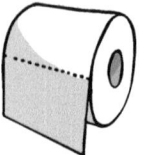

papel higiénico

kertas toilet

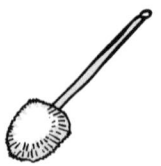

escobilla del váter

sikat toilet

cepillo de dientes

sikat gigi

pasta de dientes

pasta gigi

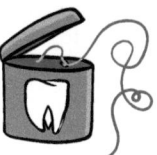

hilo dental

benang gigi

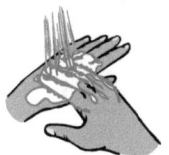

lavar

menyuci

ducha de mano

pancuran tangan

ducha íntima

pancuran

pila

bak

cepillo de espalda

sikat punggung

jabón

sabun

gel de ducha

gel mandi

champú

sampo

toallita

planel

desagüe

kuras

crema

krim

desodorante

deodoran

espejo

kaca

espejo de tocador

cermin tangan

maquinilla de afeitar

pisau cukur

espuma de afeitar

busa cukur

loción postafeitado

aftershave

peine

sisir

cepillo

sikat

secador

alat pengering rambut

laca

semprot rambut

maquillaje

makeup

pintalabios

lipstik

pintauñas

cat kuku

algodón

kapas

cortauñas

gunting kuku

perfume

minyak wangi

estuche de viaje

kantong pencuci

banqueta

bangku

balanza

timbangan

albornoz

mantel mandi

guantes de goma

sarung tangan karet

tampón

tampon

compresa

handuk pembalut

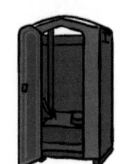

inodoro químico

toilet kimia

habitación de los niños
kamar anak

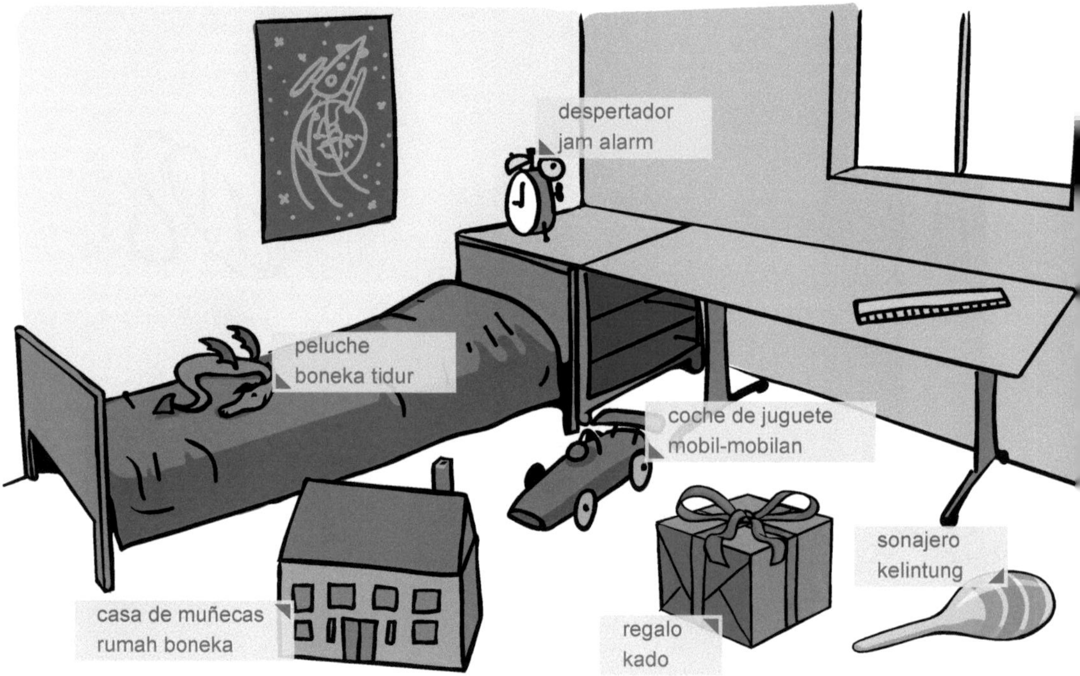

despertador
jam alarm
peluche
boneka tidur
coche de juguete
mobil-mobilan
sonajero
kelintung
casa de muñecas
rumah boneka
regalo
kado

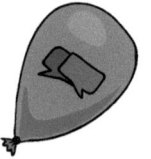

globo
balon

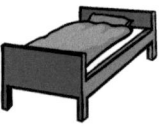

cama
tempat tidur

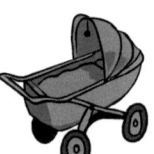

coche de niño
kereta bayi

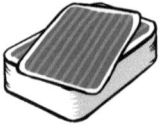

naipes
mainan kartu

puzle
teka-teki

SUPER
MEGA

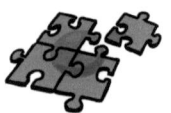

tebeo
komik

piezas de lego
mainan lego

bloques de juguete
blok mainan

figura de acción
figur aksi

bodi (de bebé)
baju monyet

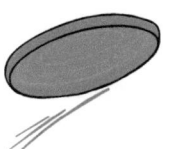

frisbee
frisbee

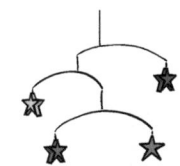

colgador móvil para bebés
mobile

juego de mesa
permainan papan

dados
dadu

circuito de tren eléctrico
set model kreta api

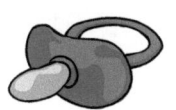

maniquí
dot

fiesta
pesta

álbum de fotos
buku gambar

pelota
bola

muñeca
boneka

jugar
bermain

cajón de arena

tempat main pasir

columpio

ayunan

juguetes

mainan

videoconsola

video game konsol

triciclo

sepeda roda tiga

oso de peluche

teddy

guardarropa

lemari pakaian

ropa

pakaian

calcetines

kaos kaki

medias

kaos kaki

leotardos

baju ketat

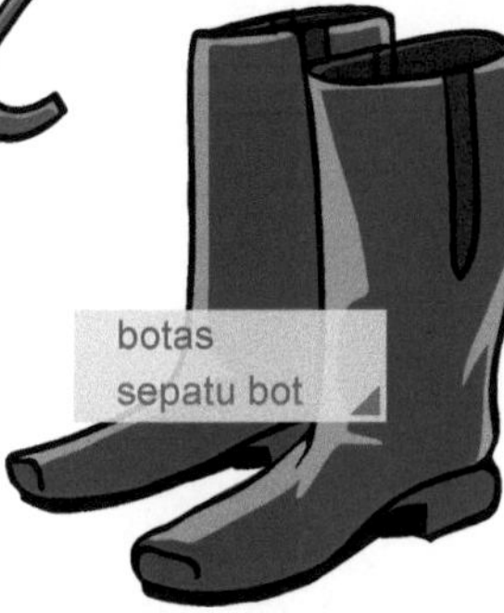

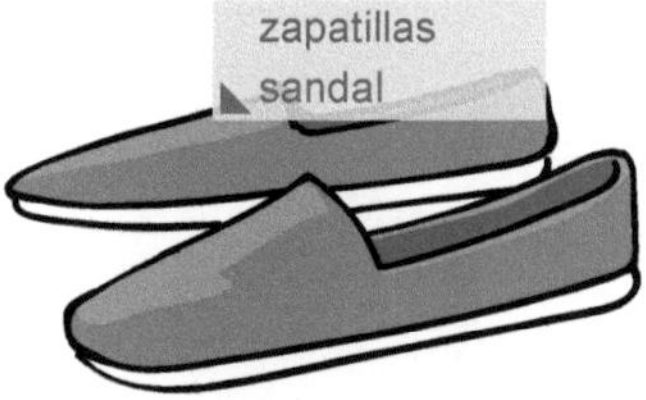

bufanda
syal

paraguas
payung

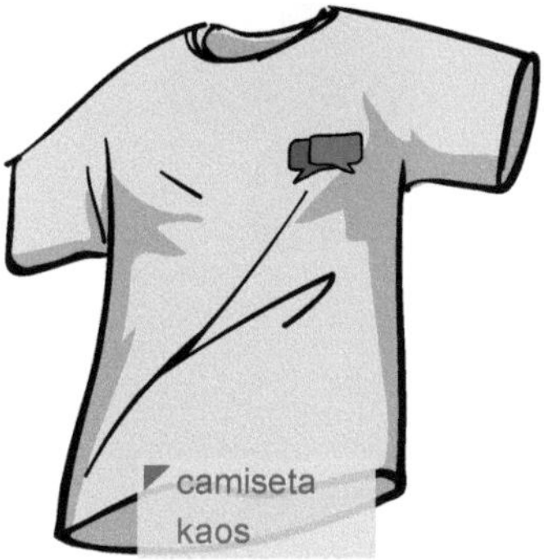

cinturón
sabuk

camiseta
kaos

botas
sepatu bot

zapatillas
sandal

deportivas
sepatu

sandalias
....
sandal

zapatos
....
sepatu

botas de goma
....
sepatu bot karet

slip
....
celana dalam

sostén
....
BH

chaleco
....
baju rompi

bodi
....
body

pantalones
....
celana

vaqueros
....
jeans

falda
....
rok

blusa
....
blus

camisa
....
kemeja

jersey
....
aket berkerudung

suéter
....
sweater

blazer
....
jaket

chaqueta
....
jaket

abrigo
....
mantel

gabardina
....
jas hujan

traje
....
kostum

vestido
....
gaun

vestido de novia
....
gaun pengantin

traje

setelan resmi

camisón

gaun tidur

pijama

piyama

sari

sari

bandana

jilbab

turbante

turban

burka

burka

caftán

kaftan

abaya

abaya

traje de baño

pakaian renang

bañador

celana renang

pantalones cortos

celana pendek

chándal

olah raga

delantal

celemek

guantes

sarung tangan

botón

kancing

gafas

kacamata

brazalete

gelang

collar

kalung

anillo

cincin

pendiente

anting

gorra

topi

percha

gantungan mantel

sombrero

topi

corbata

dasi

cremallera

ritsleting

casco

helm

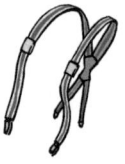

tirantes

tali selempang

uniforme escolar

seragam sekolah

uniforme

seragam

babero
oto

maniquí
dot

pañal
popok

oficina
kantor

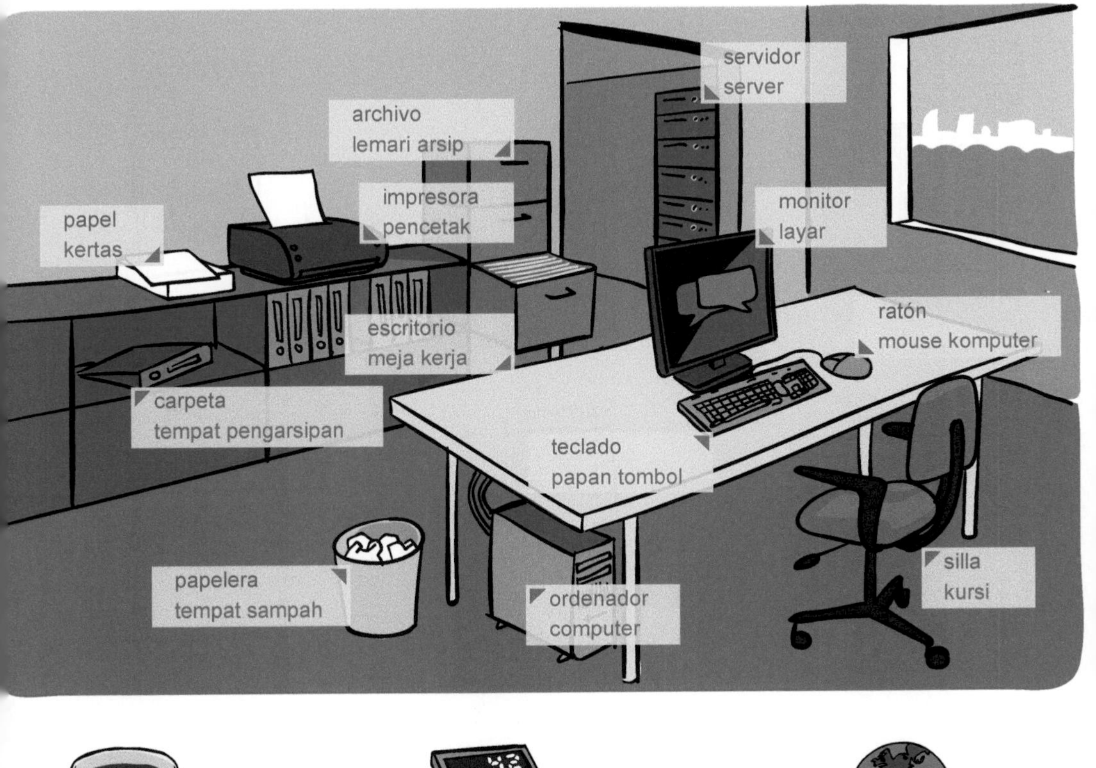

servidor
server

archivo
lemari arsip

impresora
pencetak

papel
kertas

monitor
layar

ratón
mouse komputer

escritorio
meja kerja

carpeta
tempat pengarsipan

teclado
papan tombol

papelera
tempat sampah

silla
kursi

ordenador
computer

taza de café
cangkir kopi

calculadora
kalkulator

internet
internet

portátil
laptop

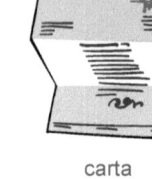

carta
surat

mensaje
pesan

móvil
telepon seluler

red
jaringan

fotocopiadora
fotokopi

software
software

teléfono
telepon

toma de corriente
plug soket

fax
mesin fax

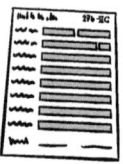

formulario
formulir

documento
dokumen

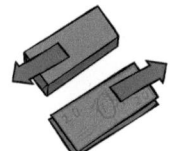

comprar
....
membeli

pagar
....
membayar

comerciar
....
berdagang

dinero
....
uang

dólar
....
Dollar

euro
....
Euro

yen
....
Yen

rublo
....
Rubel

franco suizo
....
Franc Swiss

renminbi yuan
....
Renminbi Yuan

rupia
....
Rupiah

cajero automático
....
ATM

oficina de cambio de divisas

kantor pertukaran mata uang

oro

emas

plata

perak

petróleo

minyak

energía

energi

precio

harga

contrato

kontrak

impuesto

pajak

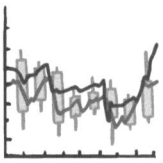

acción

saham

trabajar

bekerja

empleado

karyawan

empleador

majikan

fábrica

pabrik

tienda

toko

economía - ekonomi

oficios
pekerjaan

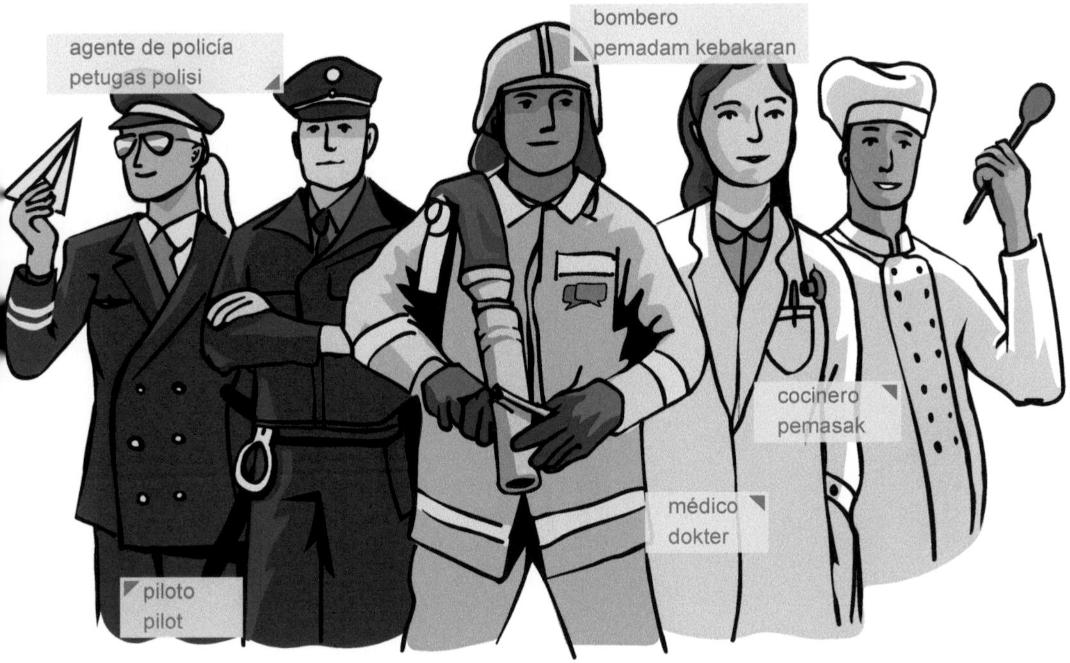
agente de policía
petugas polisi
bombero
pemadam kebakaran
cocinero
pemasak
médico
dokter
piloto
pilot

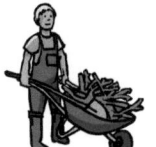

jardinero

tukan kebun

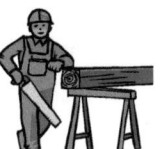

carpintero

tukang kayu

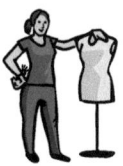

costurera

penjahit wanita

juez

hakim

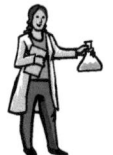

farmacéutico

ahli kimia

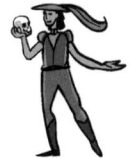

actor

aktor

conductor de autobús

sopir bis

taxista

sopir taksi

pescador

nelayan

señora de la limpieza

pembantu

techador

tukang atap

camarero

pelayan

cazador

pemburu

pintor

pelukis

panadero

tukang roti

electricista

tukang listrik

obrero

pembangun

ingeniero

insinyur

carnicero

tukang daging

fontanero

tukang ledeng

cartero

tukang pos

soldado

tentara

arquitecto

arsitek

cajero

kasir

florista

penjual bunga

peluquero

penata rambut

revisor

konduktor

mecánico

montir

capitán

kapten

dentista

dokter gigi

científico

ilmuwan

rabino

rabbi

imán

imam

monje

biarawan

sacerdote

pendeta

herramientas
alat

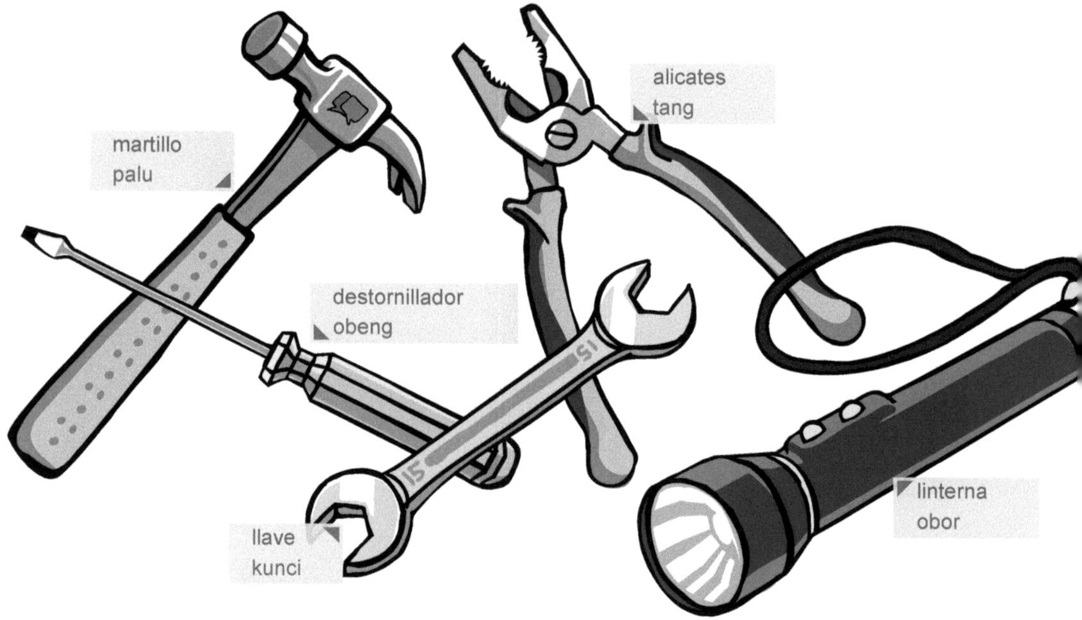
martillo
palu
alicates
tang
destornillador
obeng
llave
kunci
linterna
obor

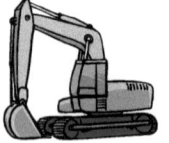

excavadora

penggali

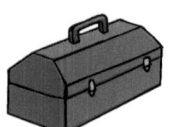

caja de herramientas

tas perkakas

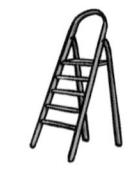

escalera de mano

tangga

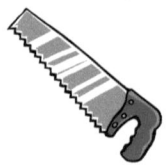

sierra

gergaji

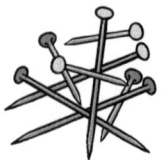

clavos

paku

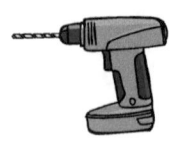

taladro

bor

reparar
....
perbaikan

pala
....
sekop

¡Maldita sea!
....
Sialan!

recogedor
....
cikrak

bote de pintura
....
pot cat

tornillos
....
sekrup

instrumentos musicales
alat musik

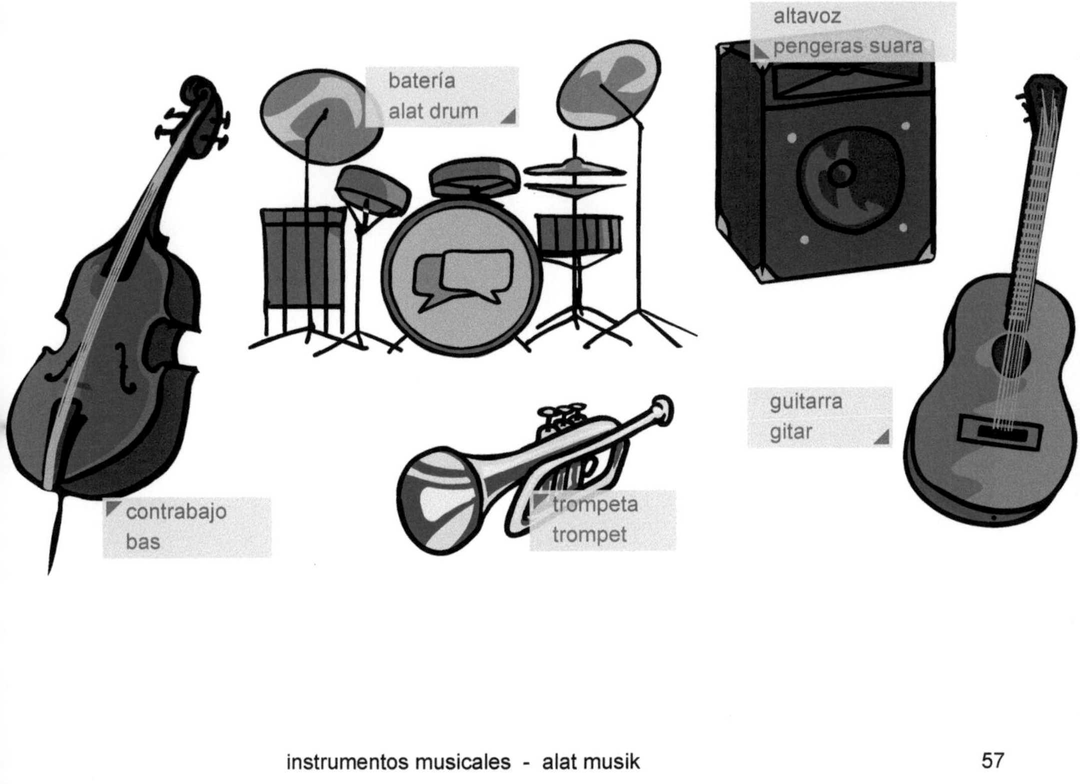

batería
alat drum

altavoz
pengeras suara

guitarra
gitar

contrabajo
bas

trompeta
trompet

piano
piano

violín
violin

bajo
bass

timbales
tambur

tambor
drum

teclado
keyboard

saxofón
saksofon

flauta
suling

micrófono
mikrofon

ZOO

kebun binatang

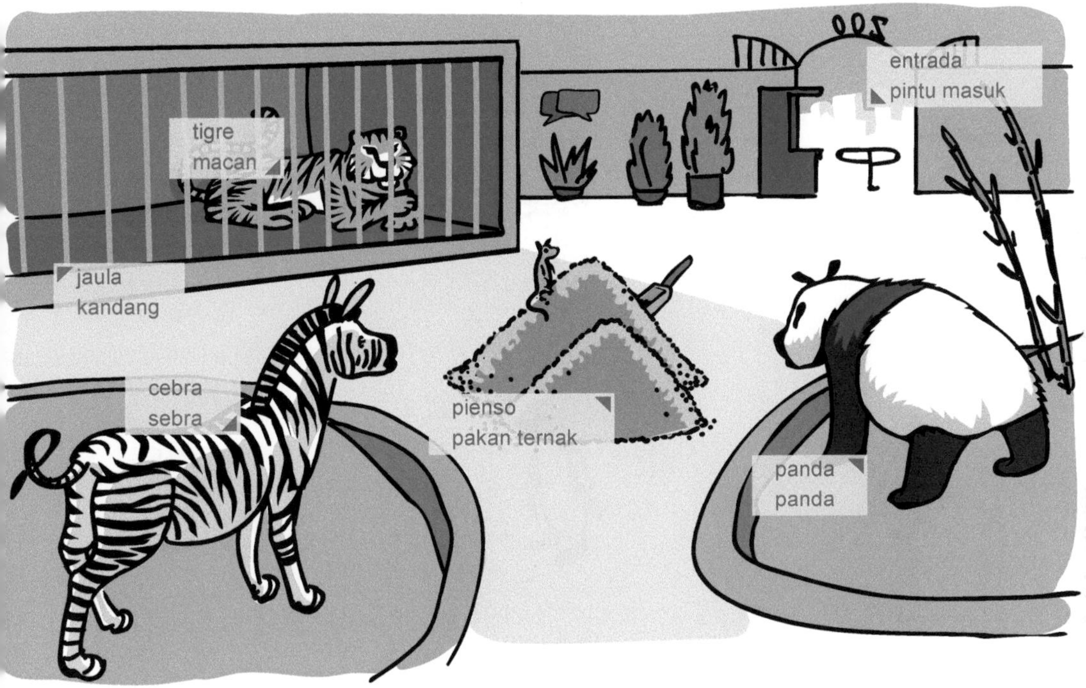
tigre
macan
jaula
kandang
entrada
pintu masuk
cebra
sebra
pienso
pakan ternak
panda
panda

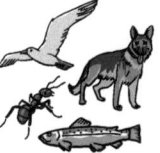

animales

hewan

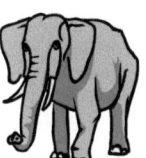

elefante

gajah

canguro

kanguru

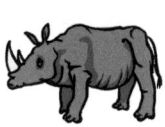

rinoceronte

badak

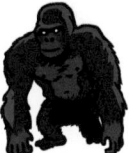

gorila

gorila

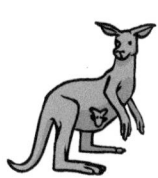

oso

beruang

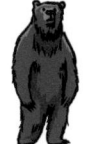

camello

unta

avestruz

burung unta

león

singa

mono

monyet

flamingo

flamingo

loro

burung beo

oso polar

beruang polar

pingüino

penguin

tiburón

hiu

pavo real

merak

serpiente

ular

cocodrilo

buaya

guardián de zoológico

penjaga kebun binatang

foca

segel

jaguar

jaguar

poni

kuda poni

leopardo

macan tutul

hipopótamo

kuda nil

jirafa

jerapah

águila

burung elang

jabalí

babi jantan

pescado

ikan

tortuga

kura-kura

morsa

anjing laut

zorro

rubah

gacela

kijang

zoo - kebun binatang

fútbol americano
american football

ciclismo
naik sepeda

tenis
tennis

baloncesto
basketbal

natación
bernang

boxeo
tinju

hockey sobre hielo
hoki es

fútbol
sepak bola

bádminton
badminton

atletismo
atletik

balonmano
bola tangan

esquí
main ski

polo
polo

actividades
aktivitas

reír
ketawa
saltar
meloncat
abrazar
memeluk
caminar
berjalan
cantar
menyanyi
soñar
mengimpi
rezar
berdoa
besar
mencium

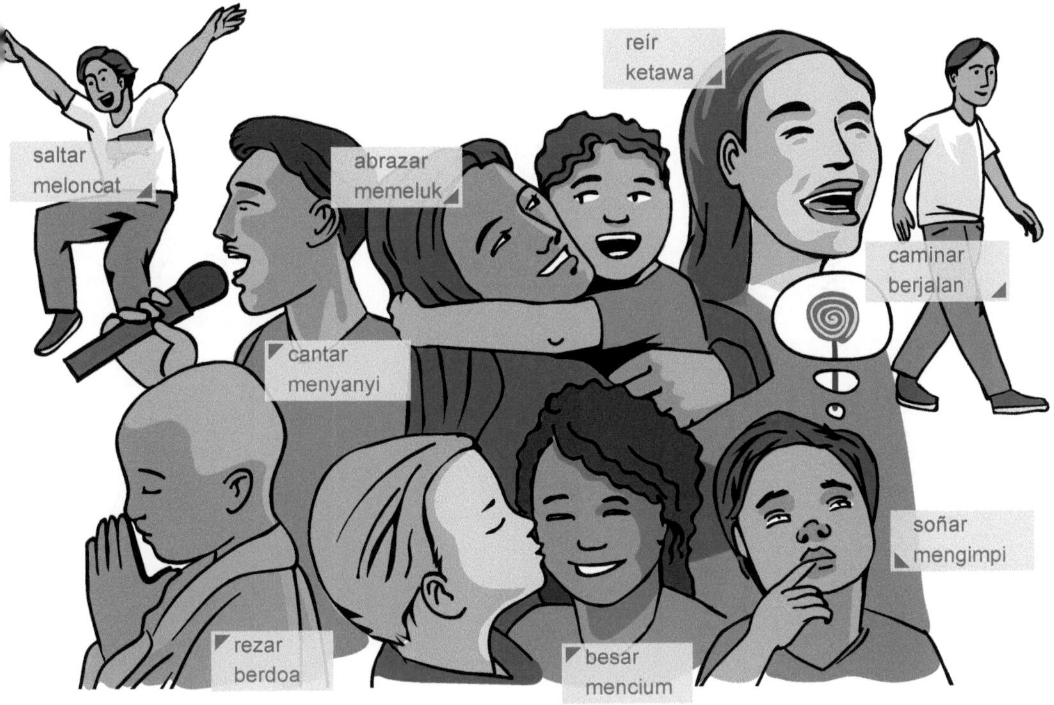

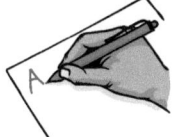

escribir
menulis

dibujar
melukis

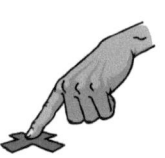

mostrar
menunjuk

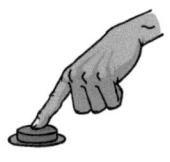

empujar
mendorong

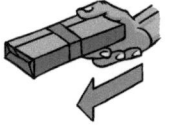

dar
memberikan

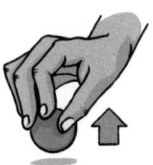

tomar
mengambil

tener
....
mempunyai

hacer
....
melakukan

ser
....
adalah

estar de pie
....
berdiri

correr
....
berlari

tirar
....
menarik

tirar
....
melempar

caer
....
jatuh

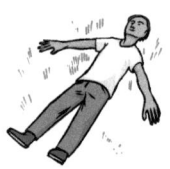

yacer
....
tidur

esperar
....
menunggu

llevar
....
membawa

estar sentado
....
duduk

vestirse
....
berpakaian

dormir
....
tidur

despertar
....
bangun

mirar
melihat

llorar
menangis

acariciar
mengelus

peinar
menyisir

hablar
berbicara

entender
mengerti

preguntar
menanyak

escuchar
mendengar

beber
minum

comer
makan

ordenar
merapikan

amar
cinta

cocinar
memasak

conducir
menyetir

volar
terbang

navegar
berlayar

calcular
menghitung

leer
membaca

aprender
belajar

trabajar
bekerja

casarse
menikah

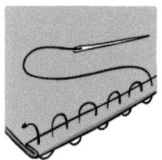

coser
menjahit

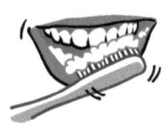

cepillarse los dientes
sikat gigi

matar
membunuh

fumar
merokok

enviar
kirim

familia
keluarga

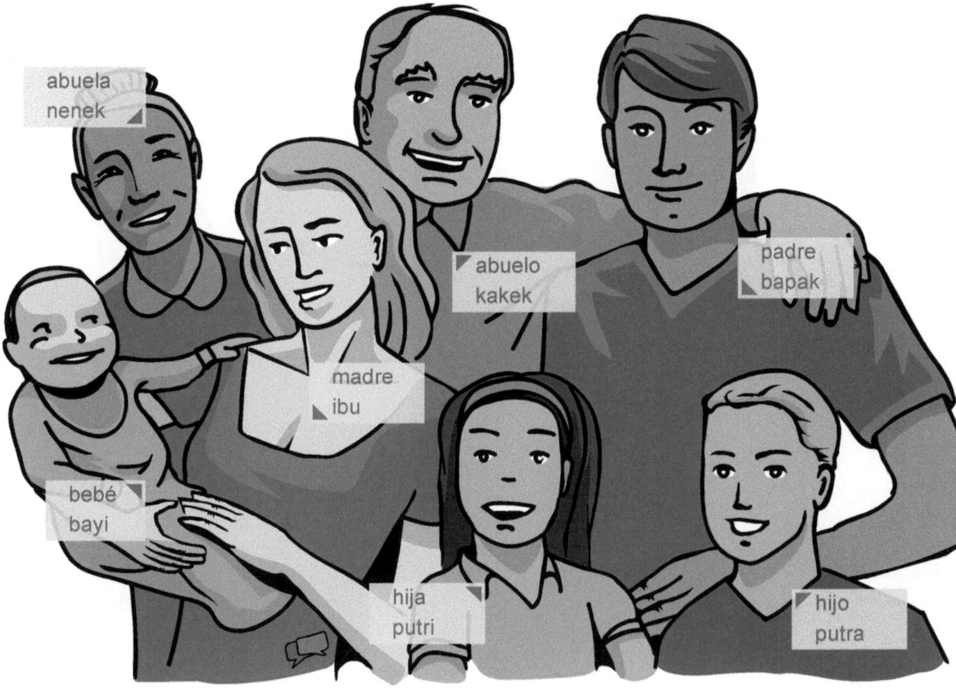
abuela
nenek
abuelo
kakek
padre
bapak
madre
ibu
bebé
bayi
hija
putri
hijo
putra

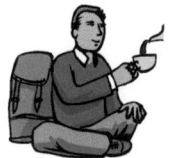

invitado

tamu

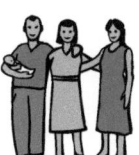

tía

bibi

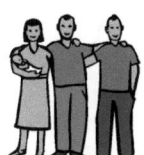

tío

paman

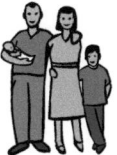

hermano

kakak laki

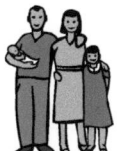

hermana

kakak perempuan

cuerpo
badan

frente
dahi
ojo
mata
hombro
bahu
dedo
jari
cara
muka
barbilla
dagu
mano
tangan
pierna
kaki
pecho
payudara
brazo
lengan

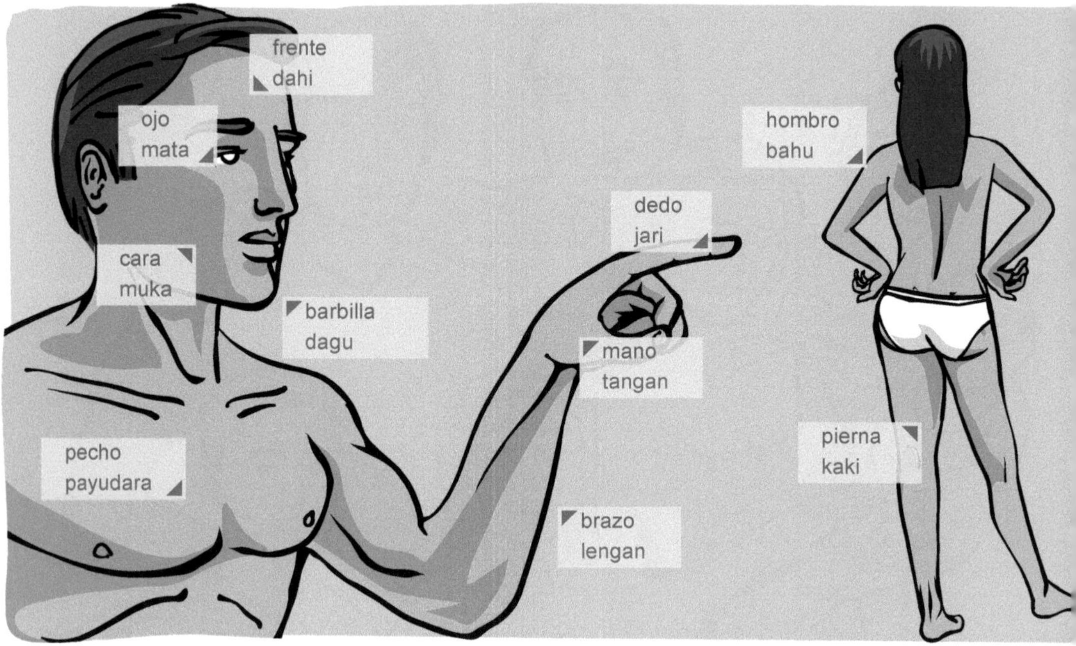

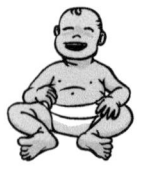

bebé

bayi

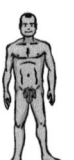

hombre

pria

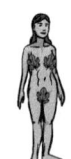

mujer

wanita

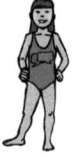

chica

perempuan

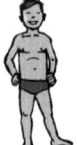

chico

laki

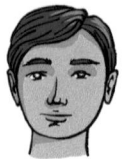

cabeza

kepala

espalda

punggung

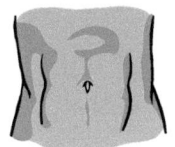

vientre

perut

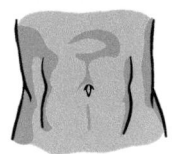

ombligo

pusar

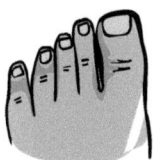

dedo del pie

toe

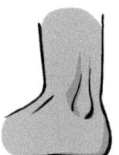

talón

tumit

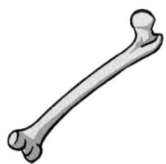

hueso

tulang

cadera

pinggang

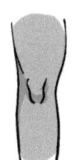

rodilla

lutut

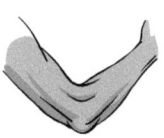

codo

siku

nariz

hidung

trasero

pantat

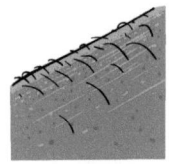

piel

kulit

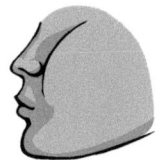

mejilla

pipi

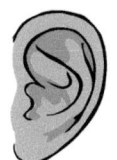

oído

telinga

labio

bibir

boca
mulut

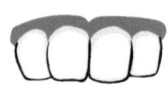

diente
gigi

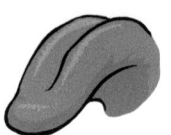

lengua
lidah

cerebro
otak

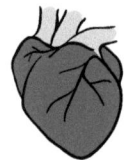

corazón
jantung

músculo
otot

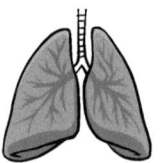

pulmón
paru-paru

hígado
hati

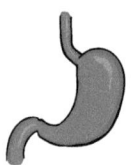

estómago
stomach

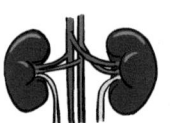

riñones
ginjal

sexo
hubungan seks

condón
kondom

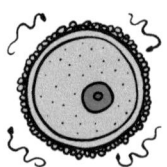

ovario
sel telur

semen
sperma

embarazo
kehamilan

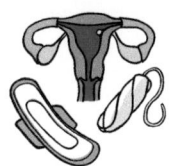

menstruación
menstruasi

vagina
vagina

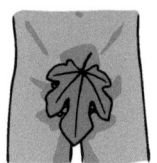

pene
penis

ceja
alis

pelo
rambut

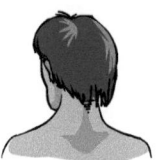

cuello
leher

hospital
rumah sakit

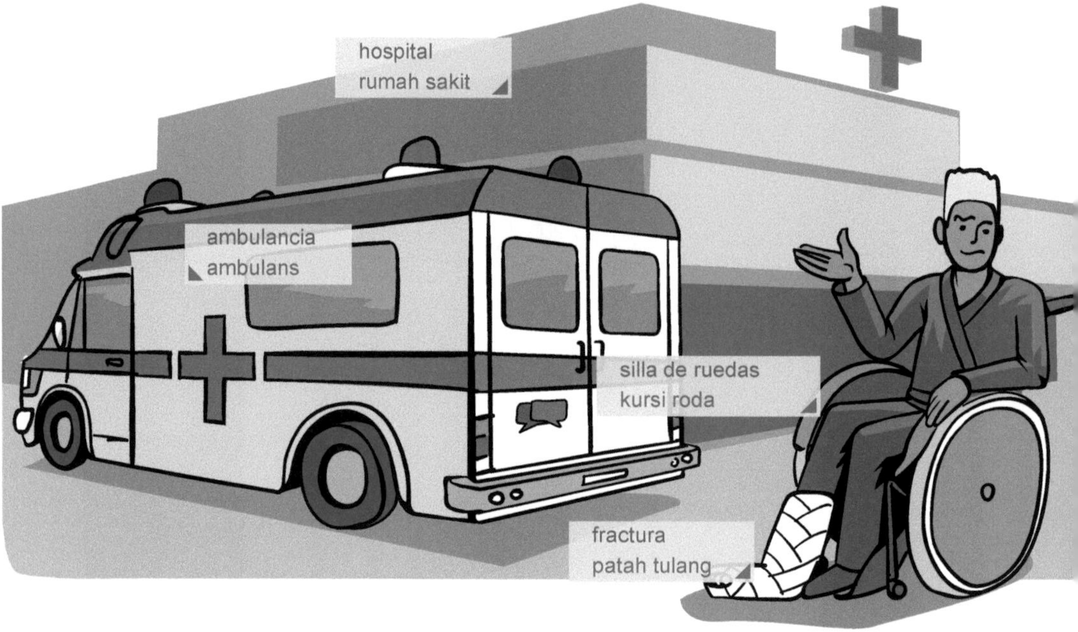

hospital
rumah sakit
ambulancia
ambulans
silla de ruedas
kursi roda
fractura
patah tulang

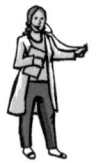

médico

dokter

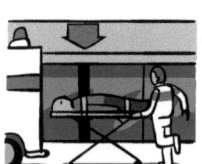

sala de urgencias

ruang darurat

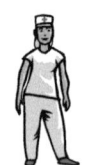

enfermera

perawat

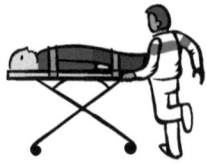

urgencia

darurat

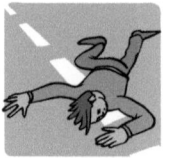

inconsciente

semaput

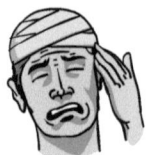

dolor

sakit

lesión
cedera

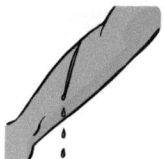

hemorragia
perdarahan

infarto
serangan jantung

ictus
stroke

alergia
alergi

tos
batuk

fiebre
demam

gripe
flu

diarrea
diare

dolor de cabeza
sakit kepala

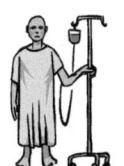

cáncer
kanker

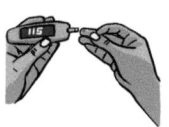

diabetes
diabetes

cirujano
ahli bedah

bisturí
pisau bedah

operación
operasi

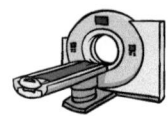

TAC
CT

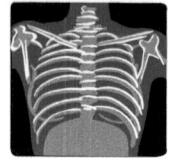

rayos x
sinar x

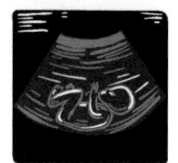

ultrasonido
usg

mascarilla
topeng

enfermedad
penyakit

sala de espera
ruang tunggu

muleta
penyokong

tirita
plester

venda
perban

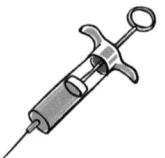

inyección
injeksi

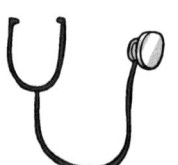

estetoscopio
stetoskop

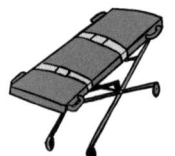

camilla
usungan

termómetro
termometer klinis

nacimiento
kelahiran

sobrepeso
kelebihan berat badan

audífono

alat pendengar

desinfectante

desinfektan

infección

infeksi

virus

virus

VIH / SIDA

HIV / AIDS

medicina

obat

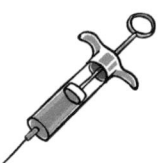

vacunación

vaksinasi

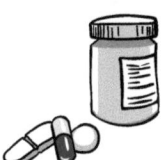

tabletas

tablet

pastilla

pil

llamada de urgencia

panggilan darurat

tensiómetro

ukur tekanan darah

enfermo / sano

sakit / sehat

¡Socorro!

Tolong!

alarma

alarm

asalto

penyerbuan

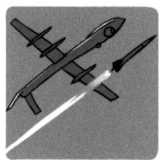

ataque

serangan

peligro

bahaya

salida de emergencia

pintu darurat

¡Fuego!

Api!

extintor de incendios

alat pemadam kebakaran

accidente

kecelakaan

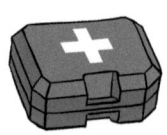

botiquín de primeros auxilios

kit pertolongan pertama

SOS

SOS

policía

polisi

Europa

Eropa

Norteamérica

Amerika Utara

Sudamérica

Amerika Selatan

África

Afrika

Asia

Asia

Australia

Australi

Atlántico

Atlantik

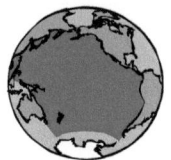

Pacífico

Pasifik

Océano Índico

Samudra India

Océano Antártico

Samudra Antartika

Océano Ártico

Samudra Arktik

polo norte

kutub utara

polo sur

kutub selatan

Antártida

Antarktika

tierra

bumi

tierra

tanah

mar

laut

isla

pulau

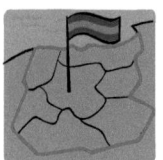

nación

bangsa

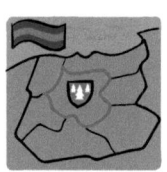

estado

negara

esfera

jam wajah

manecilla de las horas

jarum pendek

minutero

jarum menit

segundero

jarum detik

¿Qué hora es?

Jam berapa?

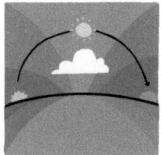

día

hari

tiempo

waktu

ahora

sekarang

reloj digital

jam digital

minuto

menit

hora

jam

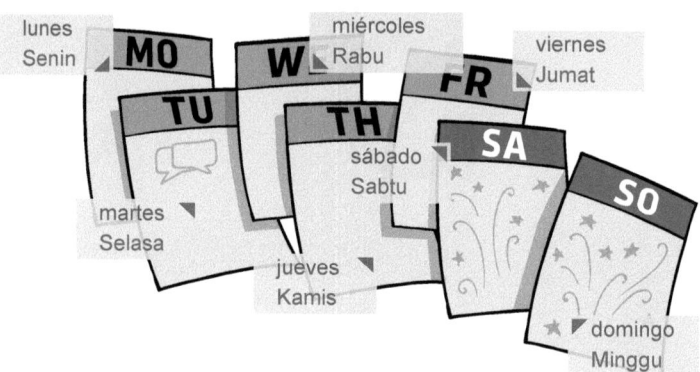

lunes
Senin

miércoles
Rabu

viernes
Jumat

martes
Selasa

sábado
Sabtu

jueves
Kamis

domingo
Minggu

ayer

kemaren

hoy

hari ini

mañana

besok

mañana

pagi

mediodía

siang

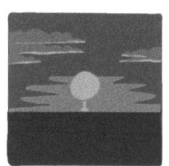

tarde

malam

MO	TU	WE	TH	FR	SA	SU
1	2	3	4	5	6	7
8	9	10	11	12	13	14
15	16	17	18	19	20	21
22	23	24	25	26	27	28
29	30	31	1	2	3	4

días laborables

hari kerja

MO	TU	WE	TH	FR	SA	SU
1	2	3	4	5	6	7
8	9	10	11	12	13	14
15	16	17	18	19	20	21
22	23	24	25	26	27	28
29	30	31	1	2	3	4

fin de semana

akhir minggu

año

tahun

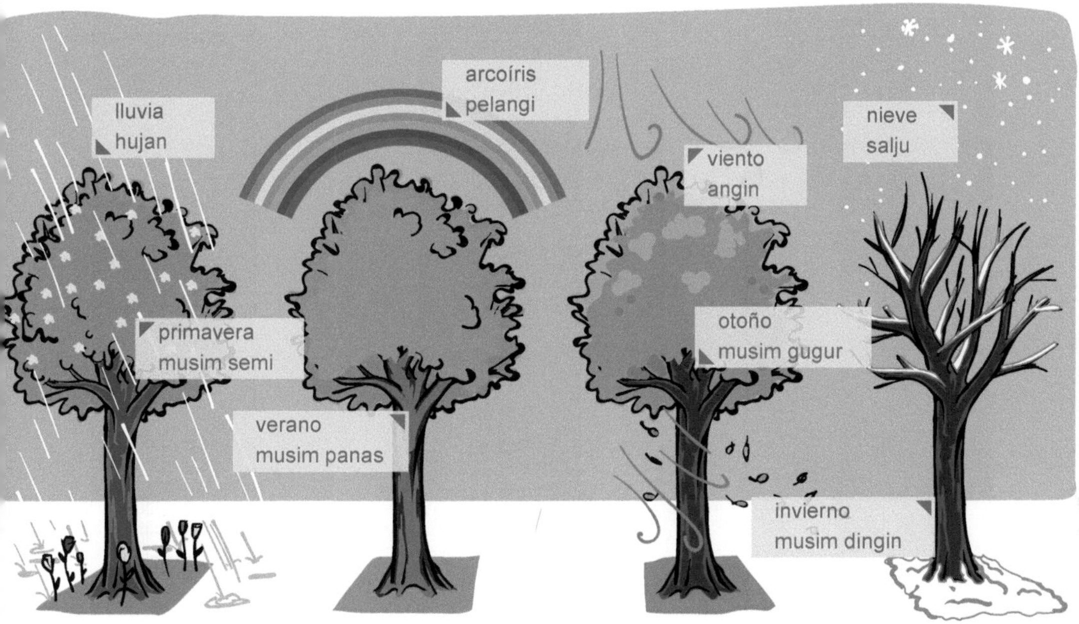
lluvia
hujan
arcoíris
pelangi
viento
angin
nieve
salju
primavera
musim semi
verano
musim panas
otoño
musim gugur
invierno
musim dingin

4.APRIL 11°
5.APRIL 4°
6.APRIL 13°
7.APRIL 8°
8.APRIL 10°

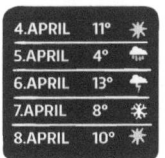

pronóstico del tiempo

ramalan cuaca

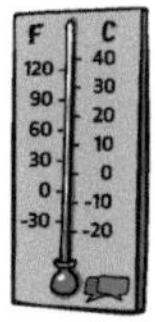
F
C

termómetro

termometer

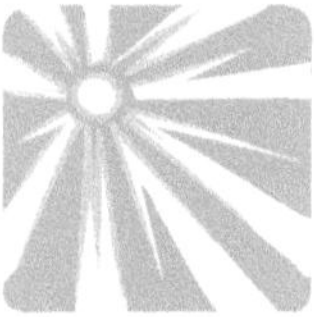

sol

matahari

nube

awan

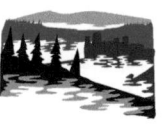

niebla

kabut

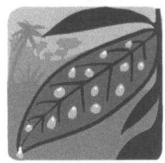

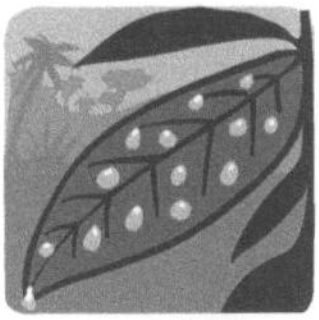

humedad

kelembahan

rayo
kilat

trueno
guntur

tormenta
badai

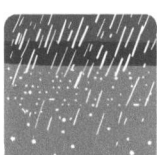

granizo
hujan es

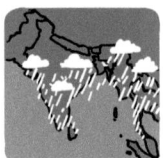

monzón
monsun

inundación
banjir

hielo
es

enero
Januari

febrero
Februari

marzo
Maret

abril
April

mayo
Mei

junio
Juni

julio
Juli

agosto
Agustus

septiembre
....
September

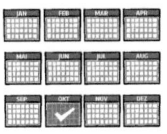

octubre
....
Oktober

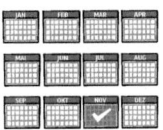

noviembre
....
November

diciembre
....
Desember

círculo
....
lingkaran

cuadrado
....
persegi

rectángulo
....
persegi panjang

triángulo
....
segi tiga

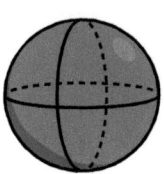

esfera
....
bola

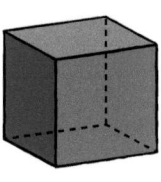

cubo
....
kubus

colores

warna-warna

blanco

putih

amarillo

kuning

anaranjado

oranye

rosa

pink

rojo

merah

morado

ungu

azul

biru

verde

hijau

marrón

coklat

gris

abu-abu

negro

hitam

mucho / poco

banyak / sedikit

enojado / tranquilo

marah / tenang

bonito / feo

cantik / jelek

principio / fin

mulaih / selesai

grande / pequeño

besar / kecil

claro / oscuro

terang / gelap

hermano / hermana

saudara laki-laki / saudara perempuan

limpio / sucio

bersih / kotor

completo / incompleto

lengkap / tidak lengkap

día / noche

hari / malam

muerto / vivo

mati / hidup

ancho / estrecho

luas / sempit

comestible / no comestible

dapat dimakan / tidak dapat dimakan

malo / amable

jahat / baik

entusiasmado / aburrido

bersemangat / bosan

gordo / delgado

gemuk / kurus

primero / último

pertama / terakhir

amigo / enemigo

teman / musuh

lleno / vacío

penuh / kosong

duro / blando

keras / lembut

pesado / ligero

berat / enteng

hambre / sed

lapar / haus

enfermo / sano

sakit / sehat

ilegal / legal

ilegal / legal

inteligente / tonto

cerdas / bodoh

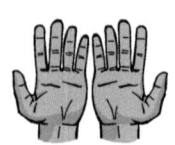

izquierda / derecha

kiri / kanan

cerca / lejos

dekat / jauh

opuestos - berlawanan

nuevo / usado
baru / bekas

nada / algo
tidak ada apapun / sesuatu

viejo / joven
tua / muda

encendido / apagado
nyala / mati

abierto / cerrado
buka / tutup

silencioso / ruidoso
tenang / keras

rico / pobre
kaya / miskin

correcto / incorrecto
benar / salah

áspero / suave
kasar / halus

triste / contento
sedih / gembira

corto / largo
pendek / panjang

lento / rápido
pelan-pelan / cepat

húmedo / seco
basah / kering

cálido / frío
hangat / sejuk

guerra / paz
perang / damai

0

cero

nol

1

uno

satu

2

dos

dua

3

tres

tiga

4

cuatro

empat

5

cinco

lima

6

seis

enam

7

siete

tujuh

8

ocho

delapan

9

nueve

sembilan

10

diez

sepuluh

11

once

sebelas

12

doce

duabelas

13

trece

tigabelas

14

catorce

empatbelas

15

quince

limabelas

16

dieciséis

enambelas

17

diecisiete

tujuhbelas

18

dieciocho

delapanbelas

19

diecinueve

sembilanbelas

20

veinte

duapuluh

100

cien

seratus

1.000

mil

seribu

1.000.000

millón

juta

inglés

Inggris

inglés americano

bahasa Inggris Amerika

chino mandarín

bahasa Cina Mandarin

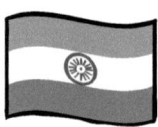

hindi

bahasa Hindi

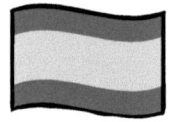

español

bahasa Spanyol

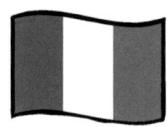

francés

bahasa Perancis

árabe

bahasa Arab

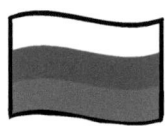

ruso

bahasa Rusia

portugués

bahasa Portugis

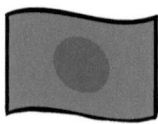

bengalí

bahasa Bengal

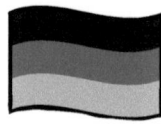

alemán

bahasa Jerman

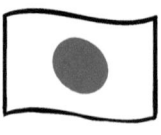

japonés

bahasa Jepang

yo

saya

tú

kamu

él / ella / ello

dia

nosotros/as

kita

vosotros/as

kalian

ellos/as

mereka

¿quién?

siapa?

¿qué?

apa?

¿cómo?

begaimana?

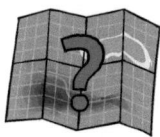

¿dónde?

dimana?

¿cuándo?

kapan?

nombre

nama

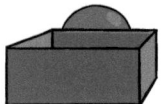

detrás

dibelakang

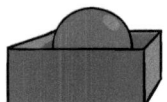

en

di

delante de

didepan

por encima de

diatas

sobre

diatas

debajo de

dibawah

junto a

sebelah

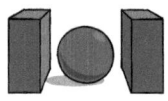

entre

di antara

lugar

tempat